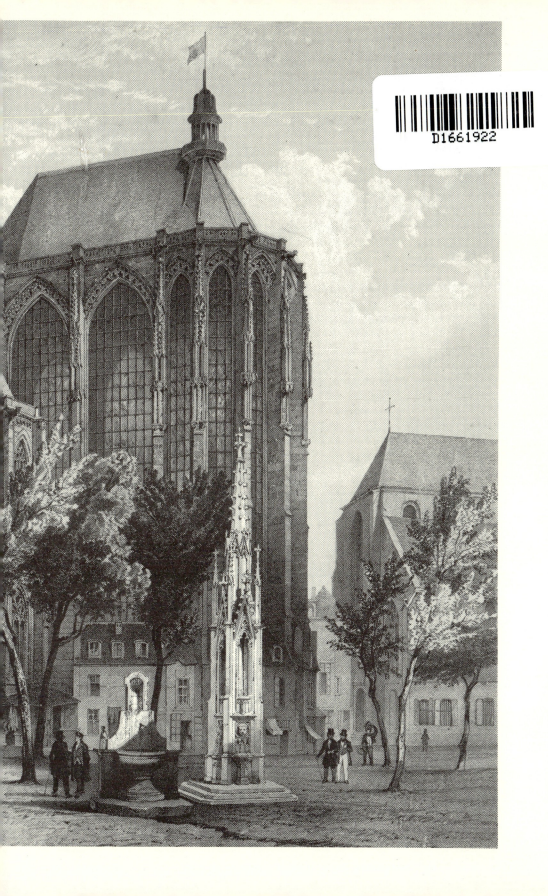

AACHEN

Text   Werner Dümmler

Verlag Wolfgang Weidlich Frankfurt

FOTONACHWEIS: Michael Jeiter, Aachen: 1, 2, 3, 4, 5, 6, 10, 11, 12, 13, 14, 15, 16, 17, 18, 19, 20, 21, 22, 23, 24, 25, 26, 27, 29, 30, 31, 32, 33, 34, 35, 36, 37, 38, 39, 40, 41, 42, 43, 44, 45, 46, 47, 48, 49, 50, 51, 52, 53, 54, 55, 56, 57, 58, 59, 60, 61, 63, Umschlagbild; Sepp Linckens, Aachen: 28, 62, 64; Aero-Foto A. Schwarzer, Mönchengladbach (Freig. Reg.-Präs. Düsseldorf Nr. 06/75 F 157): 8/9; Wolff & Tritschler, Offenburg: 7.

Umschlagmotiv: Gaststätte »Postwagen« und Haus Löwenstein

Vertrieb: Umschau Verlag, Frankfurt am Main

Alle Rechte vorbehalten
© 1976 by Verlag Wolfgang Weidlich, Frankfurt am Main
Satz und Druck: Paul Christian KG., Horb a. N.
Klischees: Wittemann und Küppers, Frankfurt am Main
Einband: Buchbinderei Wochner, Horb a. N.
Printed in Germany
ISBN 3 8035 8494 9

Aachen — Eine Stadt mit europäischem Herzschlag

Aachen — Aix-la-Chapelle — Aken: Die Großstadt mit europäischem Herzschlag liegt im Dreiländereck zwischen der Bundesrepublik Deutschland, dem Königreich der Niederlande und dem Königreich Belgien. Sie ist eine geschichtsträchtige Stadt, in der nicht nur über 30 deutsche Könige gekrönt wurden, heute der begehrte Internationale Karlspreis verliehen wird oder vor 1800 Jahren römische Legionäre und ihre Offiziere badeten, sondern in der auch eine reiche Kultur, das Offizielle Internationale Reitturnier (CHIO) für Deutschland, die größte Technische Hochschule der Bundesrepublik, weltbekannte Unternehmen und große Industriebetriebe zu Hause sind. Ein Großteil der Pralinen kommt aus einem Aachener Unternehmen, genau wie Bildschirme für die Fernseher, von denen aus dem Werk in Rothe Erde bereits fünf Millionen auf dem Markt sind. Die bekannten Aachener Tuche spielen heute nur noch eine bescheidene Rolle.

Aber alles das macht Aachen nicht zu der Stadt, in der man sich wohlfühlen kann. Die westlichste deutsche Großstadt besitzt noch eine City, die abends nicht ausstirbt, sondern bis Mitternacht mit Leben erfüllt ist. Viele Bürger leben noch in ihr. Sie haben sich nicht durch Warenhäuser oder Verwaltungsgebäude verdrängen lassen. Weder die Bomben und Granaten des Zweiten Weltkrieges, noch die Betonflut der fünfziger und sechziger Jahre ließen die Bürgerstadt sterben oder haben ihr Gesicht zerstören können. Der Bürgerwille hat sich immer wieder durchgesetzt, wenn es darum ging, den Charakter des fast 2000jährigen Aachens zu erhalten.

Sie verschließt sich nicht der Gegenwart

Die Stadt mit ihrem reichen geschichtlichen und kulturellen Erbe, von der aus zum Beispiel Karl der Große sein gewaltiges Reich regierte, verschließt sich nicht der Gegenwart. Mit rund 243 000 Einwohnern und weit über 30 000 Studierenden, wenn man die Besucher der Technischen Hochschule, der Fachhochschule und der Abteilung Rheinland der Pädagogischen Hochschule zusammenzählt, will sie sich auch in Zukunft unter den deutschen Großstädten behaupten. Auf ihrem Stadtgebiet liegt eines der größten Autobahnkreuze Europas. Hier treffen sich die Belgienlinie mit dem gebündelten Verkehr aus Richtung Paris, England und Brüssel, die Hollandlinie mit dem Verkehrsfluß aus Antwerpen und Maastricht, die Autobahnen aus Köln, Düsseldorf und der Aachener Innenstadt. Die Autobahnstrecke Aachen—Köln zählt zu einer der am stärksten befahrenen Abschnitte in der Bundesrepublik.

Der Güterbahnhof Aachen-West ist der Umschlagplatz mit dem größten grenzüberschreitenden Warenverkehr in der Bundesrepublik. Vom Hauptbahnhof bestehen 75 internationale Zugverbindungen. Durch Aachen fahren unter anderem die TEE-Züge »Moliere«, »Parsifal« und »Saphir«. Direktverbindungen bestehen nach Moskau, Leningrad, Warschau, Stockholm, Paris, Wien, London, Kopenhagen, Belgrad, Budapest, Bukarest, Brüssel und Berlin.

So wuchs das heutige Aachen

Die westlichste deutsche Großstadt ist aus mehreren mittelalterlichen Herrschaftsbereichen zusammengewachsen. Die Freie Reichsstadt Aachen, die Reichsabteien Burtscheid und Kornelimünster und Gebiete des Herzogtums Jülich sind in ihr aufgegangen. Sie haben sich zu einem Organismus verschmolzen, der sich nicht nur als verwaltungsmäßige Einheit versteht, sondern als Gesamtstadt, in der jeder Bezirk seine Aufgabe erfüllt.

Während über die Grenzübergänge in das benachbarte Ausland jährlich über 30 Millionen Menschen reisen und hier 113 000 Beschäftigte arbeiten, forschen zahlreiche Professoren auf allen Wissensgebieten und suchen Kurgäste Heilung in den Thermalbädern. In Aachen bricht unter anderem die heißeste Thermalquelle Mitteleuropas mit rund 74 Grad aus dem Boden, kommen alljährlich ungezählte Besucher, um den Dom mit seinem karolingischen Mittelbau, der ehemaligen Pfalzkirche Karls des Großen, oder das Rathaus, in dem unter anderem Karl V. sein Festmahl nach der Krönung feierte, zu sehen oder sich in einem der vielen Museen umzuschauen. Nicht nur alte Kunst, sondern in der Neuen Galerie mit der Sammlung Ludwig, die Objekte von Gegenwartskünstlern aus Europa und Amerika enthält, wird ein vorzüglicher Überblick über das Kunstschaffen der Jetztzeit geboten.

Aber kaum eine deutsche Großstadt hat so viel landschaftlich geschützte Fläche wie Aachen. Der Wald gehört zu den größten Stadtwäldern, die eine deutsche Stadt aufweisen kann. Bereits um die Jahrhundertwende haben weitsichtige Stadtväter den Beschluß gefaßt, die reichen Baumbestände nicht als gute Einnahmequelle zu nutzen, sondern als Erholungsgebiet für die Bevölkerung. Von den rund 16 000 Hektar Stadtgebiet sind heute bereits 6000 Landschaftsschutzbezirke. Weitere 2500 sollen in den nächsten Jahren hinzukommen, so daß dann 52 Prozent der Gesamtfläche der Stadt der Erholung dienen werden.

Die Stadt wuchs wie ein Baum

Nicht auf dem Reißbrett oder als Residenzstadt ist Aachen geplant, auch nicht als Wirtschafts-, Verwaltungs- oder Industriemetropole schoß es empor, sondern die Stadt wuchs wie ein Baum, der Jahr für Jahr neue Ringe ansetzt. Kriegszeiten oder wirtschaftliche Krise haben genauso ihre Spuren hinterlassen wie die Blütezeiten. Überreste der Römerherrschaft sind ebenso zu sehen wie die großen Zeugnisse der Zeit der Karolinger, der Gotik oder der Gründerjahre. Den Grundstein zum heutigen Aachen haben eindeutig die Römer gelegt, wenn auch das heutige Stadtgebiet schon Jahrtausende vor der Zeitenwende von verschiedenen Völkern besiedelt war.

Im Herbst des Jahres 3 vor Christus rodeten rund hundert Meter vom heutigen Dom entfernt römische Legionäre das Gestrüpp im Gebiet des heutigen »Hof«, wo aus ungezählten kleinen Quellen das Thermalwasser aus der Erde sprudelte. Das genaue Datum haben archäologische Forschungen ergeben, die der heutige Stadtkonservator Dr.-Ing. Leo Hugot durchführte. Er hat nicht nur das Bild des römischen Aachens erweitert, sondern auch das der Karolingerzeit. Um das versumpfte Gebiet trockenlegen zu können und stärkere Thermalquellen aus dem Boden hervorbrechen zu lassen, dichteten sie das Gelände mit Lehm ab. Die starke Quelle, die damals entstand, war bis zum Zweiten Weltkrieg erhalten und als Quirinusquelle bekannt. Vermutlich zur gleichen Zeit — um Christi Geburt — machten sich auch Legionäre daran, im heutigen Stadtteil Burtscheid die Quellen zu fassen. Auch in Kornelimünster arbeiteten römische Soldaten. Hier entstand — allerdings später — eine Tempelanlage.

Beim Bataveraufstand muß aber das erste römische Aachen 69 n. Chr. vernichtet worden sein. Vor allem im zweiten nachchristlichen Jahrhundert werden die Römer Großbauten errichtet haben, so die großen Thermenanlagen im Dom- und Büchelbezirk. In dem Gebiet, wo sie den Grundstein für Aachen gelegt hatten, entstand eine Kultanlage mit drei Tempeln. Die Quelle, zur christlichen Zeit dem Quirinus geweiht, hatten sie den Nymphen gewidmet. Aber neben den Militärbädern in der jetzigen City und in Burtscheid entstand vor allem in der heutigen Aachener Innenstadt eine Siedlung, in der sich Handwerker und Kaufleute niederließen. Römische Straßenzüge, schnurgerade angelegt, lassen sich zum Beispiel heute noch eindeutig in der Mostard-, Pont- und Kockerellstraße ablesen, genau wie in der Juden- und Trichtergasse. Als 1975 die Ausschachtungsarbeiten für den neuen Domschatzbunker durchgeführt wurden, mußte man das Stück einer römischen Straße abtragen. Dabei zeigte sich, daß die Römer in unseren Breiten ihre Straße genau so bauten, wie wir heute die Autobahnen konstruieren. Sie schütteten eine rund 50 Zentimeter starke Kies- und Sandschicht auf und legten darauf die Packlage. Nur legten sie keine Asphaltdecke darüber, sondern viereckige Pflastersteine. Aber nicht nur Gebäude, die sich sehen lassen konnten — der Portikus am Hof legt noch Zeugnis davon ab — oder Straßen bauten sie, sondern auch leistungsfähige Wasserleitungen und eine Kanalisation. Um das heiße Thermalwasser in ihren Baderäumen und Schwimmbecken abkühlen zu können, benötigten sie große Mengen an kaltem Wasser. Sie bauten zwei große Leitungen in die Innenstadt, und zwar aus dem Quellgebiet der Wurm in der Nähe des heute abgebrochenen Ausfluglokals Neu-Lizenshäuschen an der Eupener Straße und aus dem Gebiet der heutigen Westfriedhöfe. Die Wasserleitung von den Wurmquellen lief durch das jetzige Burtscheid und versorgte vermutlich auch hier die Badehäuser mit dem erforderlichen Kaltwasser. Weiter führte die Leitung durch den heutigen Burtscheider Kurpark, vorbei am jetzigen Hochhaus der Kreisverwaltung und durch die Schützenstraße bis in die Nähe des Polizeipräsidiums und von dort in den Dombezirk. Die andere Wasserleitung aus dem Gebiet der Westfriedhöfe kam

über die Jakobstraße zum heutigen Markt. Mit dem verbrauchten Trink- und Thermalwasser wurde zum Beispiel auch die große Militärtoilette gespült, die an der Einfahrt zum heutigen Parkhaus Büchel lag.
Dieses Römer-Aachen mit Burtscheid und Kornelimünsters Tempelbezirk ging 270 und im Sturm der Völkerwanderungszeit endgültig unter. Aber Überreste der Badeanlage müssen sich bis ins achte Jahrhundert erhalten haben. Wie die Römer Aachen nannten, darüber liegen keine Urkunden vor. Vermutlich hieß es einfach Aquae, an den Wassern. Ins Licht der Geschichte trat es 765, als Pippin der Jüngere, fälschlich der Kleine genannt, in Aachen eine Kirche baute und die Badeanlagen benutzte. Der Sohn von Karl Martell — sein Vater hatte 732 die Araber bei Poitiers geschlagen — benutzte wieder die Badeanlagen, wie urkundlich erwähnt ist. Sein Sohn Karl der Große feierte Weihnachten 768 im Aachener Hofgut. Wann Karl der Große seinen Entschluß faßte, seine Pfalz mit dem für damalige Zeiten gewaltigen Kuppelbau der Pfalzkirche zu errichten, weiß man nicht. Aber 789 wird die Königshalle bestimmt im Bau, vielleicht sogar schon vollendet gewesen sein.
Karls Baumeister richteten sich bei der Planung der Pfalzanlage nicht nach dem römischen Straßensystem. Der Frankenkönig legte sie um rund 45 Grad versetzt in das Straßennetz hinein, um vermutlich nicht den unter König Pippin errichteten Altar für den neuen Kirchenbau beseitigen zu müssen. Diese Planung ist heute noch deutlich im Stadtgebiet zu erkennen. Denn dadurch entstanden beim Auftreffen der Verbindungswege der Pfalz mit den römischen Straßen dreieckige Plätze. Vor allem sieht man dies heute noch am Markt, am Hof und am Klosterplatz. Rund um den Pfalzbezirk kehrte bald wieder lebhaftes Leben durch Handwerker und Kaufleute ein. Kaiser Barbarossa gibt der aufstrebenden Siedlung nicht nur Stadtrechte, sondern fordert auch, daß die Bürger ihre Stadt mit einer Mauer sichern. Das war im Jahre 1165. Die Aachener müssen von 1171 bis 1179 mit großer Tatkraft an den dicken Mauern gebaut haben, innerhalb von acht Jahren waren sie vollendet. Die Stadt, mit reichen Privilegien ausgestattet, wuchs schnell. Von 1257 bis 1357 wurde eine zweite, weit größere Ringmauer erbaut, die das Gesicht der Stadt heute noch streckenweise prägt. Auf ihrem Gelände sind große Alleen und Straßenzüge entstanden. Mehrere Befestigungsanlagen, so unter anderem das Ponttor und das Marschiertor sind noch erhalten. 1267 vollendeten die Bürger ihr erstes Rathaus — das Grashaus —, bis die selbstbewußten Einwohner die Königshalle zum Haus der Bürger umgestalteten, in deren großem gotischen Festsaal 1349 Karl IV. sein Krönungsmahl hielt und in dem heute noch festliche Veranstaltungen durchgeführt werden.
Vor den Toren der Stadt waren Fronhöfe, Propsteien und Rittersitze gewachsen sowie die großen Klosteranlagen der Reichsabteien Burtscheid und Kornelimünster. Eine gewaltige Feuersbrunst zerstörte das mittelalterliche Aachen. Das Feuer, das am 2. Mai 1656 im Hause des Bäckers Peter Maw unterhalb der Jakobskirche ausbrach, hatte innerhalb von zwanzig Stunden 4664 Häuser vernichtet. Die Dächer von Dom und Rathaus waren niedergebrannt. Das neue, barocke Aachen wuchs auf dem alten Straßennetz aus der Römerzeit und dem Mittelalter. Diese

Stadt, die den Innenbereich Aachens im 19. und in der ersten Hälfte des 20. Jahrhunderts ausmachte, wurde in zahlreichen Bombennächten und bei den Erdkämpfen im September und Oktober 1944 zum größten Teil zerstört. In der zweiten Hälfte des 19. Jahrhunderts hatte sie den mittelalterlichen Ring bereits gesprengt. Von dem Viertel am Suermondt-Platz wuchs die Stadt weiter nach Osten. Rehm- und Steffensviertel entstanden beiderseits des Adalbertsteinweges. Nach dem siegreichen Krieg 1870/71 wuchs auch Burtscheid über seine engen Bebauungsgrenzen hinaus. Eine Aktiengesellschaft wurde gegründet, die erst im Zweiten Weltkrieg aufgelöst wurde. Sie legte das Frankenberger Viertel an, das trotz Verluste durch Bombenkrieg und Abbrüche der Nachkriegszeit heute noch ein Musterbeispiel für den Städtebau der Gründerzeit ist. Im letzten Drittel des 19. Jahrhunderts wies man die großen Industriegelände an der Jülicher Straße und in Rothe Erde aus. Hüttenwerke und Metallbau gaben hier den Ton bis nach dem Ersten Weltkrieg an. Während an der Jülicher Straße die Metallverarbeitung zu Hause blieb und in neuerer Zeit Elektromaschinenbau eine Heimat gefunden hat, wuchsen auf dem Gelände der ehemaligen Hüttenwerke Rothe Erde die Fabriken des Philips-Konzerns und eine große Reifenfabrik. Im Westen der Stadt entsteht seit über hundert Jahren ein Institut der Technischen Hochschule nach dem anderen. Aus dem einstigen Polytechnikum ist eine Hochschulstadt geworden, in der auch ein neues Klinikum im Rohbau steht, das vermutlich Gesamtbaukosten von über eine Milliarde Mark verschlingen wird. Die Rheinisch-Westfälische Hochschule wuchs nach dem Zweiten Weltkrieg in die Bürgerstadt hinein.

Sie rettete ihr Gesicht

Wenn Aachen auch während des Krieges und in der Nachkriegszeit viele Verluste an wertvoller Bausubstanz hinnehmen mußte, so rettete sie doch ihren Charakter. Das alte, gewachsene Straßennetz wurde bis auf wenige Ausnahmen erhalten. Nur einige autobahnähnliche Straßen durchziehen die Stadt. Es hat sich gezeigt, daß die alten Alleen und ehemaligen Ausfallstraßen auch heute noch den Verkehr gut bewältigen können. In Aachen verfiel man nicht auf den Gedanken, eine autogerechte Stadt zu bauen, sondern weiterhin für die Menschen zu planen. Dennoch funktioniert der Verkehrsfluß, gibt es genügend Parkplätze vor allem in Tiefparkhäusern und ein Parkleitsystem, das manche Stadt von Aachen übernommen hat. Als am 1. Januar 1972 die eng mit Aachen verwachsenen Randgemeinden Brand, Kornelimünster, Walheim, Eilendorf, Haaren, Laurensberg und Richterich nach Aachen kamen, zeigte sich, daß diese ehemaligen Gemeinden bereits wie Jahresringe um die Stadt gewachsen waren und keine großen planerischen Schwierigkeiten bereiteten. Bereits am Ende des vorigen Jahrhunderts war Burtscheid, das vollständig mit dem alten Aachen verwachsen war, zum Stadtgebiet gekommen und einige Jahre vor dem Ersten Weltkrieg auch Forst.

Von der Pariser Mittagslinie entfernt

Aachen — die Stadt im Herzen Europas — liegt verkehrsgünstig zu den großen Zentren. Bis Paris sind es 445 km, bis Basel 600, bis Amsterdam 250 und bis nach Brüssel nur 150 km. Auch London liegt mit 468 km noch verhältnismäßig nahe an Aachen. Die Entfernung zu den großen Rheinstädten wie Köln und Düsseldorf beträgt nur 70 beziehungsweise 80 km.
Nicht nur im Zeitalter der Motorisierung wollte man die Entfernung genau wissen. Der französische Astronom und Geograph J. Jos. Tranchot wählte in Aachen einen Meßpunkt für das napoleonische Reich aus. Auf Befehl von Kriegsminister Berthier wurde am 22. Juni 1807 eine hohe Pyramide auf dem Lousberg errichtet. Ihre Spitze ist genau 264 180,77 Meter von der Pariser Mittagslinie entfernt.

Wo es noch eine Erdbebenprozession gibt

Die Gestalt der Landschaft ist so vielfältig, wie das Gesicht der von fleißigen Bürgern gebauten Stadt. Von den bewaldeten Ausläufern des Naturparks Nordeifel bis zum niederländischen Flachland reicht das heutige Gebiet der Stadt. Professor M. Schwickerath, der den Aufbau der Formationen eingehend untersuchte, nannte Aachen das königliche Talrund Karls des Großen — ein Landschaftsoktogon.
Der höchste Punkt liegt rund 450 Meter über dem Meeresspiegel, der niedrigste 125 über Normalnull. Das Vorbrechen der heißen Quellen und die Vielschichtigkeit des Gesteinsaufbaues machen Aachen auch zu einem Erdbebengebiet. Es ist die einzige deutsche Großstadt, in der noch Jahr für Jahr eine Erdbebenprozession auszieht. Sie geht von der ersten Stadtpfarrkirche, von St. Foillan aus und zieht zum Dom, wo die Bürger eine große Kerze vor dem Gnadenbild der Gottesmutter aufstellen. Damit erfüllen sie auch in der heutigen Zeit noch ein Gelübde, das ihre Vorfahren während der Barockzeit ablegten, nachdem durch Erdstöße ein Teil der Gewölbe der Katharinenkirche an der Pontstraße eingestürzt waren und manches Haus Risse zeigte. Aber es war nicht das einzige Beben, das in Aachen registriert wurde. Auch vor einigen Jahren hat die Erde leicht gezittert. 1951 traten bei einem Beben im Aachener Raum Risse an Fabrikschornsteinen und Häuserwänden auf. Daß Aachen ein Gebiet war, in dem sich die Erde ab und zu bewegt, das wußte man bereits zur Karolingerzeit. Als Karl der Große um 800 seine Pfalzkapelle errichten ließ, baute sie sein Baumeister Odo von Metz erdbebensicher. Das ist auch einer der Gründe, warum das weltbekannte Bauwerk nach fast 1200 Jahren noch immer unerschüttert steht. Odo von Metz legte als Fundament für den Bau ein Gitterwerk aus Steinmauern, das er zusätzlich mit Ankern versah. Noch ehe das wuchtige Oktogon vollendet war, mußte es ein Erdbeben überstehen. Die Chronik nennt das Jahr 802. Kurz vor dem Tod Karls des Großen wurde die Kaiserpfalz durch starke Erdstöße erschüttert. Es war am Himmelfahrtstag 813, als der wuchtige Portikus und ein Großteil des steinernen Ganges zur Pfalzkirche

einstürzten. Bereits zehn Jahre später wurde Aachen wieder von Erdbeben heimgesucht. Besonders schlimm muß es am 27. März 829 gewesen sein, wo nicht nur Stöße die Gebäude erschütterten, sondern ein gewaltiger Sturm auch einen Teil des Bleidaches der Marienbasilika abdeckte. Ob der zwei Finger breite Riß in einem der großen Steine des Oktogons, den man vom Münsterplatz gut sehen kann, in dieser Zeit durch Erderschütterungen entstanden ist oder erst später, läßt sich nicht sagen. Das 18. Jahrhundert war nach vielen Epochen der Ruhe wieder erdbebenreich. Am 19. August 1730 stürzte, wie schon gesagt, ein Teil der Gewölbe der Katharinenkirche ein. Der Turm der Kirche wurde beim Beben am 18. Februar 1756 beschädigt. Zuvor waren am 2. und 5. September 1740 Bodenbewegungen gespürt worden. Die Beben am 26. und 27. Dezember 1755 sowie am 18. und 19. Februar 1756 versetzten aber die Bevölkerung in Angst und Schrecken. Auf Grund dieser Naturereignisse wurde am 27. März 1757 von den Bürgern die Erdbebenbruderschaft gegründet.

Wo die Geschichte zu Hause ist

In Aachen ist nicht nur die deutsche, sondern auch ein großes Stück europäische Geschichte zu Hause. Ob Papst, Kaiser, Zar oder Könige, sie weilten in der Stadt, um ihrer Politik Gehör zu verschaffen oder eine neue Marschrichtung festzulegen. Hätten Kriege, Stadtbrände oder Abbruchfirmen nicht manches Haus zerstört, man könnte kaum die Häuser zählen, in denen gekrönte Häupter und bekannte europäische Diplomaten ihren Wohnsitz aufgeschlagen hatten. Die prägende Gestalt für Aachen aber ist Karl der Große, der die Grundlagen des Abendlandes schuf, so wie wir es bis heute kennen.
Noch im Jahr seiner Erhebung zum König der Franken 768 verbringt Karl der Große das Weihnachtsfest im Aachener Hofgut. Weltgeschichte betreibt er von hier seit 789, wo er am 23. März ein Rundschreiben an die kirchlichen und weltlichen Würdenträger richtet und anschließend gegen die westslawische Völkerschaft der Wilzer aufbricht. Die Herrschaft Karls ist bereits so stark anerkannt, daß 796 Papst Leo III. Karl die Schlüssel zum Grab des hl. Petrus und die Fahne von Rom übergibt. In dieser Zeit wird auch der berühmte Avarenschatz nach Aachen gebracht. Wie sehr der große Frankenkönig schon vor seiner Kaiserkrönung Weihnachten 800 in Rom auf der politischen Bühne Europas angesehen ist, das beweisen der Besuch sarazenischer Gesandter aus Spanien 797 und im Herbst eine Gesandtschaft der Kaiserin Irene aus Konstantinopel. Im gleichen Jahr bietet auch die byzantinische Opposition gegen die Kaiserin Irene dem Frankenkönig die oströmische Krone an. Das Dreikönigsfest 805 feiern Papst Leo III. und Karl der Große gemeinsam in Aachen. Inzwischen ist die große Pfalzanlage vollendet. Nicht nur die große Königshalle, vermutlich nach dem Vorbild des Palatins in Rom nachgebaut, steht an der Stelle des heutigen Rathauses, sondern auch das Oktogon mit der größten Kuppel, die es nördlich der Alpen gab. Aber nicht nur Ostrom und der Papst hatten Karl als den großen Herrscher des Abendlandes anerkannt, sondern

auch der Kalif Harun al Raschid von Bagdad, der unter anderem den Elefanten Abulabaz nach Aachen schickte, ein Tier, das das Erstaunen der damaligen Bewohner von Mitteleuropa erregte.
Als Karl der Große am 28. Januar 814 in Aachen stirbt, übernimmt Ludwig der Fromme die Herrschaft, der aber das gewaltige Reich, das von Dänemark bis über Rom hinausragte, nicht dauerhaft regieren konnte. Seine Söhne empören sich gegen ihn. Am 29. November 833 kehrt Ludwig der Fromme nach Aachen zurück und wird von seinem Sohn Lothar gefangengehalten. Die Teilung des Frankenreiches ist nicht mehr aufzuhalten. 837 findet ein Reichstag in Aachen statt, wo eine Reichsteilung zu Gunsten Karls des Kahlen durchgeführt wird. Während Ludwig der Deutsche die Gebiete des heutigen Westdeutschland regierte, erhielt Lothar I. die Kaiserwürde und das Mittelreich, das von den Niederlanden bis nach Rom reichte, während Karl der Kahle das westliche Gebiet des Karolingerreiches erhielt, das heutige Frankreich. Am 11. August 843 schließt Lothar I. mit seinen Brüdern den Vertrag von Verdun, der zu ungezählten Steitigkeiten zwischen Frankreich und Deutschland und schließlich zur Knochenmühle von Verdun im Jahre 1916 führte, wo Europa lebensbedrohlich geschwächt wurde. Zeiten der Not fehlten nicht in Aachen. 881 zerstören die Normannen Aachen und stellen ihre Pferde in der »Kapelle des Königs«, im Oktogon des heutigen Aachener Domes ab. 936 wird als erster deutscher König Otto I. im Münster gekrönt. Ein deutscher König nach dem anderen empfing in Aachen die Krone des Heiligen Römischen Reiches, dem später der Zusatz »deutscher Nation« beigefügt wurde. Die letzte Krönung eines deutschen Königs fand im Januar 1531 statt, wo Ferdinand I. in Gegenwart Karls V. die Krone erhielt. Aber damit war die große Geschichte Aachens nicht zu Ende.

Dann kam die Gertrudisnacht

Bis zur Reformation haben sich noch viele wichtige Ereignisse in Aachen abgespielt. So wird am 8. Januar 1166 die sogenannte Heiligsprechungsurkunde für Karl den Großen durch Kaiser Friedrich Barbarossa ausgestellt, in der die Geistlichkeit sowie die Bürger der Stadt als Haupt und Sitz des Reiches in den kaiserlichen Schutz genommen werden. 1244 bestätigt Friedrich II. der Stadt den Freiheitsbrief Friedrich Barbarossas.
Das Handwerk blüht bereits. So stammt aus dem Jahre 1258 die älteste urkundliche Erwähnung einer Arbeitsstätte der Tuchwalker. In der Gertrudisnacht — 16./17. März 1278 — überfällt der Graf Wilhelm IV. von Jülich Aachen. Vor dem Weißfrauenkloster in der Jakobstraße werden nicht nur er und sein Erstgeborener, sondern noch weitere zwei Söhne erschlagen. Zuvor hatte Aachen aber schon viele schrecklichere Wochen und Monate erlebt. Im April 1248 begann die Belagerung Aachens durch Wilhelm von Holland, weil die Bürgerschaft dem vom Papst gebannten Kaiser Friedrich II. die Treue hielt. Durch einen künstlichen Damm staute sich das Wasser, so daß nicht nur viele Fachwerkhäuser einstürzten, sondern die

1 Umseitig: Zeugnis des Glaubens. Die Heiligtumsfahrten
Overleaf: A procession-testimony of belief
Au verso: Témoignages de la foi. Les processions

3 Dom von der Südseite: Das Domgebirge enthält Merkmale aus allen wichtigen europäischen Bauepochen

Cathedral seen from the south: the spires of the cathedral show characteristics of style of all important European epochs

Cathédrale, du côté sud: elle est marquée par toutes les époques européennes importantes des différents styles

4 Der Proserpina-Sarkophag aus der römischen Kaiserzeit soll die erste Ruhestätte Karls des Großen gewesen sein
The Proserpina sarcophagus from the times of the Roman Empire is said to be the first tomb of Charlemagne
Le sarcophage de Proserpine, du temps des empereurs romains, passe pour avoir été la première sépulture de Charlemagne

5 Blick in das Oktogon des Aachener Domes, um 800 erbaut
View into the octagon of the Aachen cathedral, built in 800
Vue de la chapelle Palatine de la Cathédrale d'Aix-la-Chapelle, érigée vers 800

6 Der Marienschrein, ein Meisterwerk mittelalterlicher Goldschmiedekunst, ist der Aufbewahrungsort für die Heiligtümer
The shrine St Mary, a masterpiece of medieval goldsmith's art, serves as depository for sanctuaries
Le reliquiaire de Marie, un chef d'oeuvre d'orfèvrerie, renferme les choses saintes

7 Blick durch das Obergeschoß des Aachener Münsters auf den Thron Kaiser Karls, der aus römischen Marmorplatten zusammengefügt ist
View through the upper storage of the Aachen cathedral onto the throne of Charlemagne which was built with Roman marble slabs
Vue de l'étage supérieur de la Cathédrale d'Aix-la-Chapelle, donnant sur le thrône en marbre romain de Charlemagne

10 Der Krönungsfestsaal im Rathaus ist ein Zeugnis deutscher Geschichte
Coronation Hall in the town hall of Aachen – a testimony of German history
La grande salle du sacre à l'Hôtel de Ville témoigne de l'histoire allemande

11 Das Grashaus, das erste Rathaus in Aachen, heute Sitz des Stadtarchivs
Grass House, the first town hall of Aachen, nowadays seat of the municipal records office
La «Grashaus», premier hôtel de ville d'Aix-la-Chapelle, aujourd'hui siège des archives de la ville

8/9 Umseitig: Luftaufnahme der Innenstadt mit Dombereich im Mittelpunkt
Overleaf: aerial photography of the city, in the centre the cathedral
Au verso: Vue aérienne du centre-ville, au milieu, la Cathédrale et les rues avoisinantes

12/13 Das Rathaus hat viele glanzvolle Zeiten gesehen, aber auch viel Not. Der Aufgang lädt junge Leute zum Verweilen ein

The town hall has seen glorious periods but also much misery. The stair case invites young people to sit down

L'Hôtel de Ville a connu la splendeur mais aussi des périodes dramatiques. L'escalier invite les jeunes à s'assoir

14 Der Karlsbrunnen auf dem Markt mit dem Haus Löwenstein, ein spätgotisches Gebäude
Charles' Well on the market with Löwenstein House, a building from late Gothic times
La fontaine «Karlsbrunnen» sur le marché, devant la maison Löwenstein, un édifice gotique

15 Alt-Aachen ist an vielen Stellen wiedererstanden, am Hühnermarkt, im Hintergrund das Couvenhaus
Old Aachen was reconstructed in various places, at the Poultry Market, in the background Couven House
La vieille ville d'Aix-la-Chapelle a été réaménagée en grandes parties; ici le «Hühnermarkt»,
à l'arrière-plan l'hôtel Couven

16 Ein römischer Portikus, ein mittelalterlicher Platz, dahinter der Dom
A Roman gate, a medieval place, in the background the cathedral
Un portique romain, une place médiévale, à l'arrière-plan la Cathédrale

Fluten sogar in das Münster eindrangen. 1312 ist die älteste urkundlich beglaubigte Zeigung der Aachener Heiligtümer, die aber bereits seit 1238 in unregelmäßigen Abständen durchgeführt wurde. Wie selbstbewußt sich die Bürger von Aachen während des Mittelalters fühlten, zeigt unter anderem die Tatsache, daß sie nach Absetzung Kaiser Ludwig IV. den von der Mehrzahl der Kurfürsten in Rense zum neuen König gewählten Markgrafen Karl von Mähren den Einlaß nach Aachen verweigerten, so daß er durch den Kölner Erzbischof in Bonn gekrönt werden mußte.

Auf dem Weg zur Reformation

Die glanzvollste Königskrönung eines deutschen Königs im Mittelalter dürfte für Karl den V. in Aachen abgehalten worden sein. Albrecht Dürer weilte damals ebenfalls in der Stadt und fertigte wertvolle Skizzen des Rathauses und des Münsters an. In zahlreichen Druckschriften werden die Feiern beschrieben. Die Neue Welt rückte damals immer stärker ins Bewußtsein. Kaiser Karl V. war ja der Herrscher, in dessen Reich die Sonne nie unterging. Er war die große Gestalt im Herbst des Mittelalters, die aber mit den aufkommenden Problemen der Reformationszeit auf die Dauer nicht fertig wurde. 1533 trat bereits ein lutherischer Winkelprediger in Aachen auf. Die Wirren einer neuen Zeit machten sich langsam bemerkbar. Wenn auch in der Stadt häufig politischer Wirrwarr eintrat, für Europa blieb Aachen immer noch die Stadt des großen Kaisers Karl. Beim Abschluß des Westfälischen Friedens in Münster wird die katholische Reichsstadt Aachen in ihren Rechten bestätigt. Nach dem großen Stadtbrand von 1656 ging das mittelalterliche Aachen mit vielen Zeugnissen zum größten Teil unter. Aber die Reichsstadt wuchs zur neuen Blüte. Im barocken Aachen wird 1668 der Aachener Friede im sogenannten Devolutionskrieg zwischen Ludwig XIV. von Frankreich und Spanien geschlossen. Der zweite große Aachener Friedenskongreß beendet 1748 den österreichischen Erbfolgekrieg. Damals weilten unter anderem folgende Gesandte in der Stadt: der englische Minister Graf von Sandwich, der sardinische Gesandte Graf de la Chavanne, die holländischen Gesandten Graf von Benetinck, Baron von Wassenaer, Baron von Brossele und Herr van Haren, der französische Minister Comte de St. Severin d'Aragon, der spanische Gesandte de Lima y Soto Mayor, der genuesische Gesandte Marquis Doria sowie der Gesandte von Modena, Graf von Monzone. Damals wurden auch die Interessengebiete der europäischen Mächte in Nordamerika neu festgelegt.
1815 wird Aachen preußisch. Die Huldigungsfeiern im Rheinland fanden in Aachen statt. 1818 kommt es zum Monarchenkongreß. Als erste treffen der König von Preußen, Friedrich Wilhelm III., als Vertreter Englands, Herzog von Wellington, sowie als Stadtkommandant Oberst von Clausewitz ein. Am folgenden Tag, dem 28. September, nehmen Kaiser Franz I. von Österreich und Zar Alexander I. von Rußland Wohnung in Aachen. Damals weilten in Aachen ein Kaiser, ein Zar, eine Kaiserin, ein König, zwei Kronprinzen, zwei Großfürsten, drei Herzöge, eine

Herzogin, 13 Fürsten, eine Fürstin, sieben Prinzen, eine Prinzessin, 37 Grafen, acht Gräfinnen, 15 Staatsminister und 43 Generäle. Am 9. Oktober 1818 wurde das Abkommen der Großmächte mit Frankreich über die Räumung der besetzten französischen Gebiete und die Herabsetzung der restlichen französischen Kriegsschuld beschlossen. Schlagzeilen in der Weltgeschichte machte Aachen im Herbst 1944, als es als erste deutsche Großstadt geräumt wurde und in wochenlangen Kämpfen von amerikanischen Truppen nach schwerem Häuserkampf erobert wurde. Rund 6000 Einwohner hatten die Kämpfe in den Kellern des Ruinenfeldes der Stadt überlebt. Aber die Aachener Bürger faßten bald neuen Mut. Im März 1950 stifteten sie den »Internationalen Preis der Stadt Aachen«, der an Persönlichkeiten verliehen wird, die sich um die europäische abendländische Einigung besondere Verdienste erworben haben. Viele große Politiker, die die Geschicke Europas in der Nachkriegszeit gestalteten, sind mit ihm ausgezeichnet worden. Jede Verleihung der Ehrenurkunde und der Medaille im historischen Rathaussaal, in dem mancher deutsche König sein Krönungsmahl hielt, erinnert an die großen Stunden, die die europäische Stadt Aachen erlebt hat.

Er wollte ein zweites Rom schaffen

Kaiser Otto III., der im besten Mannesalter auf einem Kriegszug gegen das aufständische Rom starb, wollte Aachen zu einem zweiten Rom machen. Deshalb plante er Kloster und Kirchengründungen rund um Aachen. Er ließ im Herbst 997 ein Oratorium im heutigen Gebiet von Burtscheid für den süditalienischen Abt Gregor errichten. Zur gleichen Zeit, ebenfalls vor den Toren der Stadt, und zwar im ehemaligen Wildpark, erbaute er auf einem Hügel am jetzigen Kaiserplatz zum Gedenken an den Bischof von Prag, den heiligen Adalbert, eine Kirche. Gleichzeitig gründete er ein Benediktinerinnenkloster zu Ehren des Erlösers und der hl. Corona auf dem Salvatorberg. Auch hier steht heute noch eine Kirche im neuromanischen Stil und ein Kloster. Im Kloster Burtscheid — das bald an einen Frauenorden kam und dessen Schutz ein Vogt übernommen hatte, entstanden bald Streitigkeiten. Sie wurden im September 1261 geschlichtet, und zwar durch Graf Wilhelm IV. von Jülich, der 17 Jahre später von den Aachenern erschlagen wurde. Der Vogt von Burtscheid, damals Arnold von Frankenberg, hatte eine Burg errichtet, die aber erst 1346 urkundlich erwähnt wird und heute noch steht, wenn auch erheblich umgebaut. Im Mittelalter sah das Kloster Burtscheid, zu einer Reichsabtei emporgewachsen, 1292 unter Vorsitz von König Adolf einen Hofgerichtstag in seinen Mauern, bei dem viele Reichsfürsten anwesend waren. Neben dem Klosterbezirk wuchs eine Gemeinde, in der es unter anderem im April und Mai 1757 zu Unruhen kam. Die Klosterherrschaft ging mit der Französischen Revolution zu Ende.
Während der Barockzeit wurden die Abteikirche St. Johann-Baptist und die Pfarrkirche St. Michael neu errichtet. Beide Kirchen, im letzten Krieg bis auf die Außenmauern zerstört, sind heute wieder in ihrer prachtvollen Form aufgebaut. Wäh-

rend der Franzosenzeit wurde der hohe Kuppelbau von St. Johann für Ballonversuche genutzt, also in ein Forschungszentrum für die Luftschiffahrt umfunktioniert. Zuvor hatte der französische Luftschiffer de la Touche-Foucroy 1786 einen Ballonaufstieg von der Bever aus gewagt und am 7. Oktober des gleichen Jahres in Vaals. Im 19. Jahrhundert und zu Beginn des 20. Jahrhunderts entwickelte sich der Badebetrieb sehr gut. Neben dem Schwertbad gab es unter anderem das Goldmühlen-, Johannis-, Karls-, Krebs-, Landes-, Luisen-, Michaels-, Neu-, Prinzen-, Rosen-, Schlangen- und Schloßbad. Am 1. April 1897 wurde die Stadt Burtscheid nach Aachen eingemeindet. Dadurch stieg die Einwohnerzahl Aachens von 110 551 auf 126 407. Die beiden Städte waren schon seit vielen Jahren zusammengewachsen und Burtscheid konnte vor allem die Probleme, die die Kanalisierung des Frankenberger Viertels mit sich brachte, nicht mehr meistern.

Eine Grabstätte ohne Kaiser

Zu den Stadtbezirken, die das heutige Aachen zählt, gehört auch das ehemalige Gebiet der Reichsabtei Kornelimünster. Wenn die Römer schon in diesem Gebiet eine Tempelanlage errichtet hatten, so schlug die Geburtsstunde doch erst 815, als Ludwig der Fromme durch seinen Berater, den heiligen Benedikt von Aniane, ein Kloster an der Inde erbauen ließ. Der Tod seines Vaters, Karls des Großen, hatte Ludwig den Frommen vermutlich so erschüttert, daß er sich verstärkt religiösen Fragen zuwandte und an seinen eigenen Tod dachte. In dem Kloster wollte er seine letzte Ruhestätte finden. Wie die Ausgrabungen der letzten Jahre bewiesen haben, ist das vorbereitete Grab für Ludwig den Frommen und seine Gemahlin zwar vorhanden, aber es ist leer. Seine aufständischen Söhne haben seinen letzten Wunsch nicht erfüllt. Weiter haben die Forschungen ergeben, daß die erste Anlage nach dem St. Gallener Klosterplan errichtet wurde. Die Abtei, mit vielen Privilegien ausgestattet, entwickelte sich bald zu einer Reichsabtei. Durch Tausch mit Karl dem Kahlen kam sie in den Besitz von Reliquien des heiligen Papstes Kornelius, der 253 gestorben ist. Aus dem Kloster Inda wurde bald Kornelimünster, nachdem die Verehrung der Reliquien stark zugenommen hatte. Die Aachener aber gerieten mit der nur wenige Kilometer vor ihrer Stadt liegenden Abtei in Streit und zerstörten 1310 das Kloster und die Kirche. Das kam ihnen teuer zu stehen. Sie mußten auf kaiserliches Geheiß Wiedergutmachung leisten und die Kirche größer und schöner aufbauen. An dem fünfschiffigen Gotteshaus läßt sich die tausendjährige Baugeschichte noch gut ablesen. In dem vorgelagerten Atrium ist vor allem die ottonische Bautätigkeit zu erkennen. Dem Mittelschiff, für den Gottesdienst der Mönche bestimmt, schließen sich niedrigere Seitenschiffe an, die mit großer Wahrscheinlichkeit den Pilgern vorbehalten waren. In der Kirche ist noch die gotische Abtloge erhalten, von der aus der Abt seinen fürstlichen und königlichen Gästen die Heiligtümer in der gegenüberliegenden Heiligtumskammer zeigte. Das mittelalterliche Kornelimünster wurde nicht nur von der Abteikirche, sondern auch von der Bergkirche St. Stephanus und der kleinen Kirche St. Gangolf beherrscht. Die

Barockzeit schuf dann die großzügig angelegten Abteigebäude, die heute noch in vielen Räumen prachtvolle Stukkaturen und Gemälde enthalten. Einen großen Teil der Gebäude nimmt heute das Bundesarchiv ein, in dem alle Personalakten der Wehrmacht aus der Zeit des Dritten Reiches untergebracht sind. Zahlreiche Beschäftigte arbeiten hier, denn ungezählte Anfragen treffen alljährlich ein, wenn es darum geht, Rentenansprüche beweisen zu müssen. Für viele ehemalige Soldaten und Offiziere ist dieses viele Tonnen Papier umfassende Archiv zur letzten »Rettung« geworden, wenn ihre eigenen Papiere während des Krieges oder durch die Gefangenschaft vernichtet wurden.

Wo die tausendjährige Linde steht

Die Landgemeinde Forst, einst auf dem Boden der Grafen und Herzöge von Jülich gewachsen, wurde 1906 nach Aachen eingemeindet. Damit stieg die Einwohnerzahl von Aachen auf 151 922. Die mittelalterliche Herrschaft Schönforst, die später von den Jülichern abhängig wurde, wird 1310 beurkundet, und zwar erwähnt man die Kirche St. Katharina. Die heutige Pfarrkiche St. Katharina, ein neuromanischer Bau aus dem vorigen Jahrhundert, liegt neben der tausendjährigen Linde, unter der nachweislich Gerichtsurteile gefällt wurden. Die letzten Reste der vermutlich einst von Ritter Reinhard von Schönau († 1376) gegründeten Burg an der Trierer Straße, wurden 1884 niedergelegt. Vor 1390 bestand in Forst noch die Hochgerichtsbarkeit. Mit anderen Worten: Es konnten Bluturteile ausgesprochen werden. Solche Urteile wurden damals nur im Freien, und zwar meistens unter Linden gesprochen. Diese Linde steht heute noch. Der Baum wurde 1852 von Fürst Pückler-Muskau, einem der bekanntesten Landschafts- und Gartengestalter des vorigen Jahrhunderts zusammen mit anderen Gelehrten begutachtet. Man schätzte das Alter damals auf mindestens 800 Jahre. Neben der Linde steht heute noch die Forster Gerichtsstube, die bereits 1636 erwähnt wird. Während des Zweiten Weltkrieges gingen große Bombenteppiche über Forst nieder und verwandelten den Stadtbezirk zum Teil in eine Kraterlandschaft. In der Nachkriegszeit ist er zu einem großen Stadtbezirk angewachsen, dem sich das Neubaugebiet Driescher Hof mit seinen rund 7500 Bewohnern angliedert.

Fronhöfe, Herrensitze und alte Kapellen

Die Neugliederung der Stadt hat auch Gemeinden zu Aachen gebracht, die einen reichen geschichtlichen Baubestand haben. So zum Beispiel Laurensberg mit dem karolingischen Fronhof, der allerdings nach dem Ausgang des Mittelalters als Seffenter Burg neu errichtet wurde. Schloß Rahe in der Soers, im vorigen Jahrhundert als Märchenschloß bezeichnet, sah viele Adelige in seinen Mauern. In Richterich ist neben der Pfarrkirche St. Martin mit ihrem spätmittelalterlichen Kirchturm Schloß Schönau zu nennen. In Horbach grüßt die Pfarrkirche St. Heinrich mit ihrem Renaissance-Portal, das reich an Wappen ist. In Haaren ist die Welsche Mühle gerettet worden und in dem vor der Eingemeindung über 13 000 Einwohner zählenden Eilendorf stehen die neuromanische Pfarrkirche St. Severin und eine kleine Wallfahrtskapelle aus der Spätbarockzeit. Walheim, einst zur Reichsabtei Kornelimünster gehörend, grüßt ebenfalls mit der über hundert Jahre alten Kirche St. Anna.

Wissenswertes — Sehenswertes

Der Thron Kaiser Karls des Großen im Obergeschoß des Domes, um 800 aus römischen Marmorplatten errichtet, ist eines der erhabensten Zeugnisse der abendländischen Geschichte. Er steht heute noch an der gleichen Stelle, wo ihn vor fast 1200 Jahren die Bauleute aufsetzten. Der bekannte Historiker Friedrich Heer schrieb in der Kulturgeschichte über das Abendland folgendes: »Wer vor den Steinthron Karls des Großen im Dom zu Aachen tritt, vor diesen Königsstuhl, tritt vor ein repräsentatives Monument jenes ›karolingischen‹ Europas, das in wesentlichen Strukturen für über ein Jahrtausend, bis 1945, damals begründet wurde: in den letzten Jahrzehnten des 8. Jahrhunderts, von Karl dem Großen, mit dem Zentrum Aachen. Der Königstuhl in Aachen soll uns hinweisen auf eine Herrschaftsordnung über die Völker, getragen von Adel und Kirche, die von 800 bis 1815 die Friedensverträge der europäischen Völker ›im Namen der heiligen und unteilbaren Dreifaltigkeit‹ abschließt. Der Steinthron Karls des Großen in Aachen: dieses seit seiner Gründung gegen den slawischen Osten und gegen Byzanz kämpfende ›Alteuropa‹ — wie es Jacob Burkhardt nannte — ruhte auf der Herrschaft adeliger Häuser, die, eng miteinander rivalisieren und in Fehde liegen. In den Kämpfen der Söhne und Enkel und Erben Karls des Großen sind tausend Jahre europäischer ›Bürgerkrieg‹, das heißt die Fehden der großen und kleinen ›Häuser‹, vorgebildet.

Der Dom: Das Oktogon, zwischen 790 und 805 gebaut, wurde von Odo von Metz mit hundertfacher Sicherheit als erster konsequenter Skelettbau aus Stein errichtet und ist der erste große Kuppelturm, der nicht im Mittelmeergebiet liegt. Die Säulen stammen aus antiken Bauwerken in Italien. Aus dem zweiten Jahrhundert stammt der Proserpina-Sarkophag, die erste Ruhestätte Karls. Auch der Wolf und der Pinienzapfen sind aus der Römerzeit. Der Chor, das »Glashaus von Aachen«, wurde aus Anlaß des 600. Todestages von Kaiser Karl 1414 geweiht. Der Bau war 1355 beschlossen worden. Um das Oktogon liegt ein Kranz von mittelalterlichen Kapellen. Nur die Ungarnkapelle wurde am Ausgang der Barockzeit umgebaut.

Der Domschatz, in einem karolingischen Baukörper untergebracht, gilt als der bedeutendste nördlich der Alpen. Zu ihm gehören nicht nur der Marienschein, in dem die Heiligtümer aufbewahrt werden, sondern auch der Karlsschrein und das Lotharkreuz mit dem Bildnis des römischen Kaisers Augustus.

Das Rathaus: Auf römischem Baugrund errichtet Karl an dieser Stelle vor 790 die Königshalle mit dem Granusturm, den Schatz- und Wohnturm des großen Kaisers, der heute noch steht. Im 14. Jahrhundert wurde an Stelle der baufälligen Königshalle unter Verwendung alter Bauteile das gotische Rathaus errichtet, in dem bereits 1349 Karl IV. sein Festmahl nach der Königskrönung halten konnte. Das 19. Jahrhundert setzte an Stelle der Barockfassade, an der J. J. Couven gearbeitet hatte, wieder eine gotische.

Der Markt: Hier sind noch einige alte Bürgerhäuser erhalten, darunter das Haus Löwenstein aus dem 15. Jahrhundert. Auf der Mitte des Platzes steht der Karlsbrunnen mit der Figur Karls des Großen, die im 17. Jahrhundert in Dinant gegossen wurde.

Das Grashaus, 1267 für den Rat der Stadt gebaut, ist heute Stadtarchiv, in dem unter anderem viele Königs- und Kaiserurkunden mit ihren goldenen Bullen und Wachssiegeln liegen. Im 19. Jahrhundert wurden die Figuren, Darstellungen der Kurfürsten, in den Nischen der Vorderfront des Gebäudes erneuert.

Bad Aachen: In seiner fast 2000jährigen Geschichte ist Aachen immer Badeort gewesen. Auch in dem modernen Aachen hat der Badebetrieb seinen angemessenen Platz. Vor allem wird heute hier Rheumaforschung betrieben. Im Herzen der Stadt liegen das Thermalschwimmbad »Römerbad« hinter klassizistischer Fassade und das »Kaiserbad«, in dem alle Kurmittel verabreicht werden. Neben dem Parkhotel »Quellenhof« an der Monheimsallee ist ein großes Kurmittelhaus mit Thermalschwimmbad. In Burtscheid liegen zahlreiche Kuranstalten und Kurhotels, darunter das »Schwertbad«, das urkundlich das älteste deutsche Privatbad ist. Aachen, auch heute noch ein staatlich anerkannter Badeort, soll weiter als Heilbad ausgebaut werden. Die Schüttungen der zahlreichen Thermalquellen werden heute nur teilweise ausgenutzt.

Technische Hochschule: Es ist die größte Technische Hochschule in der Bundesrepublik mit rund 25 000 Studenten. In über hundert Instituten sind mehr als 200 Lehrstühle untergebracht. Mit Königsurkunde von 1865 wurde sie gegründet und weitete sich schnell von den Naturwissenschaften auch auf die Geisteswissenschaften aus. Zur Zeit wird mit einem Kostenaufwand von rund einer Milliarde Mark die Medizinische Fakultät neu gebaut. Im Hochschulviertel steht eine Moschee für die zahlreichen islamischen Studenten. Beziehungen zu islamischen Ländern hat bereits Karl der Große unterhalten, dem der Kalif Harun al Raschid aus Bagdad den Elefanten Abulabaz im Jahre 802 schickte. Die Gesandtschaft war 797 aus Aachen nach Bagdad gezogen. Ihr gehörte als Dolmetscher der Jude Isaak von Aachen an, der als einziger von ihr ins Abendland zurückkehrte.

Eine Fachhochschule und eine Abteilung der Pädagogischen Hochschule Rheinland sowie zahlreiche andere und höhere Schulen sind ebenfalls in Aachen, so daß ideale Möglichkeiten für die Ausbildung und das Studium bestehen.

Der Karlspreis: Fast alljährlich wird der Karlspreis der Stadt Aachen an Politiker verliehen, die sich um die Einigung von Europa verdient gemacht haben. Im Jahre 1976 wurde er an den belgischen Erstminister Leo Tindemans verliehen. Preisträger sind bis heute: Richard Graf Coudenhove-Kalergi, Professor Dr. Hendrik Brugmans, Alcide De Gasperi, Jean Monnet, Dr. Konrad Adenauer, Sir Winston S. Churchill, Paul Henri Spaak, Robert Schumann, George Marshall, Dr. Joseph Bech, Professor Dr. Walter Hallstein, Edward Heath, Professor Dr. Antonio Segni, Jens Otto Krag, Joseph Luns, Francois Seydoux de Clausonne, Roy Jenkins und Don Salvador de Madariaga.

Printen: Eine Spezialität des Aachener Bäckerhandwerks, die in alle Welt versandt wird. Die Printen haben den gleichen Ruf wie die Nürnberger Lebkuchen, nur sind sie härter. Der Name kommt aus dem Niederländischen »Prent« und heißt so viel wie abdrucken. In zahlreichen kunstvollen Formen wird der Printenteig gebacken. Manche Bäckereien stellen heute noch »Printenmänner« her.

Museen: Das Suermondt-Museum an der Wilhelmstraße enthält Schätze aus drei Jahrtausenden. Vor allem die Skulpturensammlung, die als die größte im Rheinland gilt, ist sehenswert. Auch viele mittelalterliche Gemälde und Altäre sind zu finden. — Das Couvenhaus am Hühnermarkt ist die »Gute Stube« Aachens. Es vermittelt in seinem Spätbarockgebäude die bürgerliche Wohnkultur des 18. und 19. Jahrhunderts. — Museum Burg Frankenberg, vor allem kunstgewerbliche Sammlungen, enthält viele Stücke aus der Stadtgeschichte. — Die neue Galerie — Sammlung Ludwig — im und am Alten Kurhaus ist eine der bedeutendsten Sammlungen der Gegenwartskunst, die der bekannte Sammler Professor Dr. Peter Ludwig zusammengetragen hat. — Das Internationale Zeitungsmuseum im »Großen Haus von Aachen«, das sich der Schöffe Heinrich Dollart 1495 an der Pontstraße bauen ließ, enthält über 100 000 Erst-, Letzt- und Sonderausgaben von Tageszeitungen aus aller Welt, darunter die größte und die kleinste. — In den Räumen des Hauptgebäudes der ehemaligen barocken Abtei Kornelimünster will das Land Nordrhein-Westfalen eine moderne Kunstsammlung aufbauen. Die ersten Werke sind bereits aufgestellt, aber das Haus ist noch nicht für die Öffentlichkeit freigegeben.

Städtische Bühnen: Großes Haus des Stadttheaters mit Oper und Schauspiel. Es hat seinen Sitz in dem klassizistischen Theaterbau und kann auf eine über 150jährige Tradition zurückblicken. — Im gleichen Haus die Kammerspiele. — Die Werkstattbühne ist in der Hubertusstraße. — Das Grenzlandtheater, vor allem vom Landkreis getragen, hat Kammerspielcharakter. — Das große Städtische Orchester wird demnächst in der neuen Stadthalle spielen.

Elisenbrunnen: Klassizistisches Bauwerk, nach der Zerstörung im Zweiten Weltkrieg wieder aufgebaut, war früher das Zentrum des Bades Aachen. Hier kann man noch heute Thermalwasser trinken, das schwefelhaltig ist. Einen Trinkbrunnen für Thermalwasser gibt es auch am Burtscheider Markt.

Sport: Alljährlich Offizielles Internationales Reitturnier (CHIO) für Deutschland in der Soers. Es ist nicht nur ein großes Reitertreffen für die Bundesrepublik, sondern für die Weltelite. — Fünf Schwimmhallen (Stadtmitte in der Elisabethstraße

— eine der wenigen noch erhaltenen Jugendstilhallen —, Osthalle, Schwimmhalle Brand, Südhalle und Schwimmhalle West mit Zehn-Meter-Sprungturm — kurz vor der Vollendung —), vier Stadien, zwei Sporthallen, 56 Turnhallen, 58 Sportplätze und ein Freibad sowie Reit- und Tennishallen gibt es in der Stadt.

Mittelalterliche Stadtbefestigungen: Von ihnen sind noch das Marschiertor in der Nähe des Hauptbahnhofes und das Ponttor mit Vorburg erhalten sowie verschiedene Reste von Türmen, darunter die Marienburg, heute Ehrenmal, an der Ludwigsallee.

Kirchen: Neben dem Dom — auch Münster genannt — die Kirche St. Foillan als erste Stadtpfarrkirche, St. Nikolaus, St. Paul, St. Michael-Aachen, St. Peter, die neuromanische Kirche St. Fronleichnam, ein richtungweisendes Bauwerk der modernen Kirchenbaukunst nach dem Ersten Weltkrieg. In Burtscheid der Kirchberg mit den beiden Barockkirchen St. Johann-Baptist und St. Michael, in Kornelimünster die Bergkirche und die ehemalige Abteikirche, in Laurensberg die Neubarockkirche St. Laurentius. Aachen besitzt zahlreiche Gotteshäuser aus den verschiedensten Stilepochen.

Bürgerhäuser: Neben dem Großen Haus von Aachen an der Pontstraße und Haus Löwenstein, in dem das Kur- und Verkehrsamt untergebracht ist, finden sich überall noch Bürgerhäuser oder denkmalwerte Bauernhäuser. Ein geschlossenes Ortsbild ist in Kornelimünster rund um den Kornelius- und Benediktusplatz zu finden.

Die Spielbank: Ab Anfang Juli wurde im Neuen Kurhaus neben der zukünftigen Stadthalle die erste Spielbank in Nordrhein-Westfalen eröffnet. Es wurde weder an Geld noch an technischen Einrichtungen gespart. Fachleute bezeichnen sie heute bereits als die schönste und größte in der Bundesrepublik, die auch Gäste aus Dänemark, den Niederlanden, Belgien, ja aus Paris und London anziehen wird. Aachen hat eine reiche Spielbank-Tradition. Das erste allgemeine Spielverbot wegen Überhandnehmen der Hazardspiele wurde bereits 1750 in Aachen erlassen. Ein erneutes Verbot erfolgte 1778. Viele haben in der langen Tradition der Aachener Spielbanken ihr Glück in der Badestadt versucht, darunter im Mai 1762 auch Casanova, der als Chevalier de Seingalt sich hier drei Wochen aufhielt und erhebliche Spielverluste hinnahm. Der große Frauenheld kam noch ein zweites und ein drittes Mal nach Aachen. Aber auch viele fürstliche Persönlichkeiten versuchten ihr Spielglück in Aachen. Hauptgewinner jedoch war die Stadt.

Das Ausland und die Eifel: Von Aachen aus sind bekannte Städte in Belgien und den Niederlanden sowie in Frankreich schnell zu erreichen. Auf der Autobahn oder mit dem D-Zug ist man nach 45 Kilometern in Lüttich, das durch zahlreiche Kirchen und alte Bürgerhäuser sowie Museen sehenswert ist. Groß-Lüttich zählt ungefähr 450 000 Einwohner. — Nach rund 35 Kilometern Eisenbahn- oder Autofahrt ist man in Maastricht, die Metropole von Niederländisch-Limburg. Die große Altstadt und alte Gotteshäuser machen die Stadt, durch die die Maas fließt, sehens-

17 Der „Türelüre-Lißje-Brunnen" ist eine Spende der Bürger an ihre Stadt
The "Türelüre-Lißje"-Well is a donation to the town by its citizens
La fontaine «Türelüre-Lißje» est un don des habitants à leur ville

18 Nach schweren Zerstörungen im letzten Krieg wurden malerische Plätze wiederhergestellt
After heavy destruction in World War II picturesque places have been reconstructed
Après les graves destructions de la dernière guerre, des places pittoresques furent réaménagées

Ein Musterbeispiel für den Städtebau ist die Fußgängerzone in der Kocherellstraße
A model example for town planning: the pedestrians' zone in the Kocherell Street
Un exemple d'urbanisme: la zone piétonne dans la Kocherellstrasse

20 Das Bakauv wurde nach dem Krieg wieder aufgebaut. Der Sage nach soll das Bachkalb im Mittelalter nächtens die Zecher in die Abwässergräben gestoßen haben

The Bakauv was reconstructed after the war. According to legend the calv has pushed revellers into the sewerage at night in the Middle Ages

Le «Bakauv» fut reconstruit après la guerre. Le «Bachkalb», animal légendaire, aurait, au moyen âge, poussé les buveurs dans les égouts, la nuit

21 Das Körbergäßchen in der Nähe des Domes

Körber Lane near the cathedral

«Körbergässchen», la petite rue des vanniers à proximité de la Cathédrale

22 Das Couven-Museum zeigt bürgerliche Möbel aus dem 18. und 19. Jahrhundert
Couven Museum shows bourgeois furniture from the 18th and the 19th century
Le musée Couven abrite du mobilier bourgeois du 18ème et du 19ème siècle

Das Couvenhaus, davor der Brunnen des Hühnerdiebes
Couven House, in front the well of the Poultry Thief
hôtel Couven, devant, la fontaine du voleur de poules

25 Das Suermondt-Museum an der Wilhelmstraße beherbergt unter anderem eine große Skulpturen- und Gemäldesammlung
Suermondt Museum in the Wilhelm Street contains among others a large collection of sculptures and paintings
Le musée Suermondt dans la Wilhelmstrasse abrite, entre autres, une grande collection de sculptures et de peintures

24 Die Neue Galerie — Sammlung Ludwig — zeigt bedeutende Kunstwerke der Gegenwart
The New Gallery — Collection Ludwig — shows important contemporary art
La Nouvelle Galerie — la collection Ludwig — présente des oeuvres d'art moderne remarquables

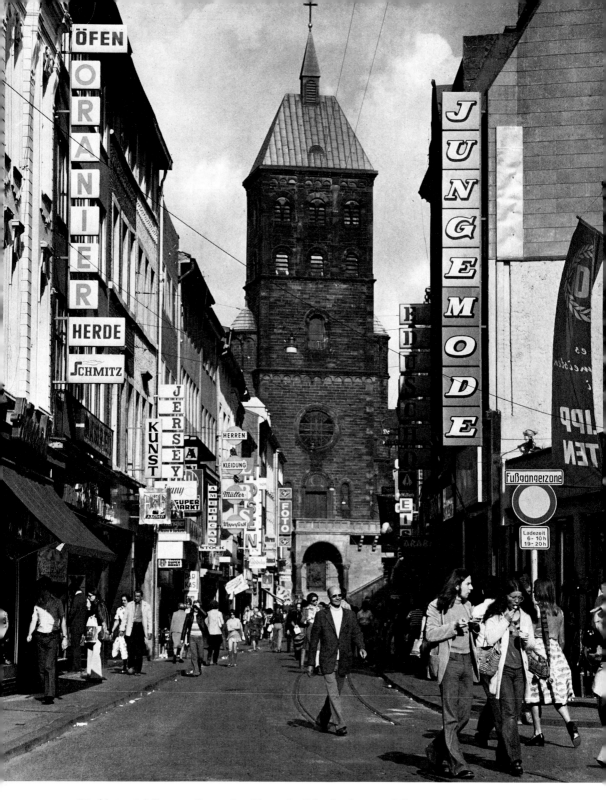

26 Die kleine Adalbertstraße mit dem Turm der Pfarrkirche St. Adalbert
Adalbert Lane with the spire of the parochial church St. Adalbert
Adalbertstrasse, petite rue avec la tour de l'église St. Adalbert

„Der Klenkel", der erhobene kleine Finger, das Erkennungszeichen der Aachener. Denkmal am Holzgraben
The "Klenkel", the raised little finger which is the distinguishing sign of the Aachen citizens. Monument at Holzgraben
«Klenkel», le petit doigt levé, signe de ralliement des habitants de la ville. Monument au Holzgraben

28 Hoddelemarkt, der Aachener „Flohmarkt"
Hoddele Market, the Aachen fleamarket
«Hoddelemarkt», le «marché aux puces» d'Aix-la-Chapelle

29 Blick in die Adalbertstraße, eine der Hauptgeschäftsstraßen. Im Hintergrund der Dom
View into Adalbert Street, one of the main shopping streets. In the background the cathedral
Vue de l'Adalbertstrasse, une des grandes rues commerçantes. A l'arrière-plan, la Cathédrale

30 Blick in den Elisengarten, dahinter rechts der Turm von St. Foillan
View into the Elisen Garden, in the background (on the right) the spire of St. Foillan
Vue sur le jardin «Elisengarten», à l'arrière-plan, à droite, la tour de St. Foillan

Der Mittelbau des klassizistischen Elisenbrunnens im Herzen der Stadt
central building of the classicist Elisen Well in the heart of the town
partie centrale de la fontaine néo-classique «Elisenbrunnen», au coeur de la ville

33 Die barocke Pfarrkirche St. Johann-Baptist in Burtscheid
The Baroque parochial church St. John-the-Baptist at Burtscheid
L'église baroque St. Jean-Baptiste à Burtscheid

32 Das Marschiertor zeugt von der Wehrhaftigkeit des mittelalterlichen Aachens
Marschier Gate shows the militant bearing of medieval Aachen
La vieille porte nommée le «Marschiertor» témoigne de l'époque glorieuse de la ville

34 Das klassizistische Stadttheater blickt auf eine 150jährige Tradition zurück
The classicist municipal theatre has a 150 years old tradition
Le théâtre municipal témoigne d'une tradition de 150 ans

35 Ein Beispiel für zeitgemäße Denkmalpflege: Restaurierte Häuser aus verschiedenen Stilepochen in der Jakobstraße
An example of modern restoration: restored houses from various epochs in Jakob Street
Un exemple moderne de la protection des monuments: maisons restaurées de différentes époques dans la Jakobstrasse

36 Der Vorplatz des Hauptbahnhofs mit der Pferdegruppe ist eine Oase für Fußgänger
The esplanade of the Main Station with the modern sculpture "Horse Group" is an oasis for pedestrians
La place de la gare centrale, avec ses chevaux, est une oasis de tranquilité pour les piétons

37 Das Kreishaus des Landkreises Aachen, der 300 000 Einwohner zählt, neben der Dreifaltigkeitskirche
The district house of the Aachen district counting 300.000 inhabitants is situated near the Holy Trinity Church
Le bâtiment administratif de l'arrondissement d'Aix-la-Chapelle, comptant 300 000 habitants, à côté de l'église de la Trinité

38 Neben dem Chor des Domes erhebt sich die erste Pfarrkirche der Stadt, St. Foillan
Next to the choir of the cathedral, the first parochial church of the town, St. Foillan
A côté du chœur de la Cathédrale, s'élève la première église paroissiale de la ville, St. Foillan

39 Das Ponttor mit seiner Vorburg zeugt von der Wehrhaftigkeit des mittelalterlichen Aachens
Pont Gate with its base court gives evidence of the militant bearing of medieval Aachen
Le «Ponttor» avec sa basse-cour témoigne du passé glorieux d'Aix-la-Chapelle au moyen âge

40 Der Bushof mit dem darüberliegenden Gebäudekomplex ist ein Verkehrszentrum mit Tiefgarage
Bus terminal and the above building are a traffic centre with an underground garage
Bâtiments surplombant le dépôt des autobus et cars — plaque tournante des transports, avec un garage souterrain

41 Geschlossene Häuserzeile aus der Gründerzeit im Frankenberger Viertel
Facades of houses from the turn of the century in the Frankenberg Quarter
Rangée homogène de maisons datant des années de la fondation, dans le quartier du Frankenberg

42 Der Europaplatz mit dem Verteilerkreis der Autobahn aus Richtung Köln in das Stadtgebiet
Europe Place connects the town with express motor ways from Cologne
La place de l'Europe avec l'échangeur de l'autoroute venant de Cologne et menant en ville

43 „Menschen sprechen miteinander", eine moderne Plastik vor der TH-Bibliothek
"Communication", a modern sculpture in front of the library of the Technical University
«Les hommes se parlent», sculpture moderne devant la bibliothèque de l'Ecole Technique Supérieure

44 Das neue Klinikum der Technischen Hochschule. Davor die Überreste des mittelalterlichen Seuchenhospitals „Melaten" mit dem Friedhof der Leprakranken
The new clinical hospital of the Technical University. In front relics of the medieval hospital for infectious diseases "Melaten" with the cemetery for lepers
Les nouvelles cliniques de l'Ecole Technique Supérieure. Devant, les anciens bâtiments de l'hôpital médiéval «Melaten» qui abritait les victimes des épidémies, avec le cimetière des lépreux

45 Der Mittelteil des Hauptgebäudes der Technischen Hochschule, nach der Zerstörung wiedererstanden, im Stil der Erbauungszeit
Central part of the main building of the Technical University, reconstructed after the destruction in the original style of the time of its construction
La partie centrale du bâtiment principal de l'Ecole Technique Supérieure refaite, après la destruction, dans le style original

46/47 Die Hochhäuser für Studenten an der Roermonder Straße. Studenten vor der Pädagogischen Hochschule Rheinland, Abteilung Aachen

Skyscrapers for students at Roermonder Street. Students in front of the University for Pedagogy of the Rhineland, department Aachen

Les gratte-ciel pour étudiants dans la Roermonderstrasse. Des étudiants devant l'Ecole Normale de Rhénanie, département d'Aix-la-Chapelle

48 Das Abteitor in Burtscheid konnte trotz Kriegszerstörung gerettet werden
The Abbey Gate at Burtscheid was saved in spite of war destruction
Malgré les destructions causées par la guerre, la porte de l'Abbaye à Burtscheid a pu être conservée

49 Der Burtscheider Markt, heute Zentrum von Bad Aachen mit seinem alten Rathaus
Burtscheid market, nowadays centre of Bad Aachen with its old town hall
Le marché à Burtscheid, aujourd'hui centre de Bad Aachen avec son ancien hôtel de ville

50 Ein Zeugnis aus alter Zeit — die Brandenburg in Sief
A testimony from former times — Brandenburg at Sief
Un témoin du passé — la «Brandenburg» à Sief

51 Das Märchenschloß Rahe in der Soers, in dem viele gekrönte Häupter wohnten
Fairy tale castle Rahe in the Soers where many kings have lived
«Rahe», château féerique situé dans la Soers, qui hébergea jadis nombre de têtes couronnées

52 Burg Frankenberg, heute Museum, liegt inmitten eines Wohngebietes
Frankenberg Castle, nowadays a museum, situated amidst a housing area
Le château-fort de Frankenberg, aujourd'hui musée, est situé au centre d'une zone d'habitation

53 Gut Kalkofen, von dem Stadtarchitekten Joh. Joseph Couven für den Bürgermeister Wespien im 18. Jahrhundert erbaut
Kalkofen domain, built in the 18th century for Mayor Wespien by the municipal architect Joh. Joseph Couven
Le domaine de Kalkofen, construit au 18ème siècle par l'architecte de la ville, Johann Joseph Couven, pour le bourgmestre Wespien

5 Auf dem Benediktusplatz in Kornelimünster mit der ehemaligen Abteikirche
Benediktus Place with the former abbatial church at Kornelimünster
La place «Benediktus» à Kornelimünster et l'ancienne église abbatiale

4 Der Couven-Pavillon im Burtscheider Kurgarten, vor dem Krieg im Garten des Couvenhauses
Before the war Couven Pavilion in the Burtscheider Spa Garden was in the garden of Couven House
Le pavillon de Couven dans le parc thermal de Burtscheid, qui se trouvait avant la guerre dans le jardin de l'hôtel de Couven

56 Im Tierpark ist immer etwas los. Mit viel Liebe werden seltene Tiere gepflegt
Scarce animals are cared for in the zoo
Au zoo, il y a toujours quelquechose à voir. On y trouve les animaux les plus rares, soignés avec amour

57 Der „Bend" zählt zu den größten Kirmesveranstaltungen im Rheinland
The "Bend" is one of the biggest church festivals in the Rhineland
Le «Bend», une des plus grandes fêtes foraines de la région rhénane

59 Der Obelisk auf dem Lousberg, in der napoleonischen Zeit errichtet, als der Kaiser sein Reich vermessen ließ
Obelisque on the Lous Hill, erected in Napoleonic times when the emperor had his empire measured
L'obelisque sur les hauteurs du «Lousberg», construit à l'époque napoléonienne, alors que l'empereur faisait procéder au relevé de ses territoires

58 Garten -und Waldrestaurant am Stauweiher in Diepenbenden
Garden and forest restaurant at the reservoir at Diepenbenden
Restaurant de plein-air en forêt au bord du lac de barrage à Diepenbenden

60 Haus Weyern in Ronheide ist eines der vielen kleinen Güter, die noch im Stadtgebiet liegen
House Weyern at Ronheide is one of the many little domains which still are in the municipal district
La propriété Weyern à Ronheide est un des nombreux petits domaines qui se trouvent encore dans les limites de la ville

61 Der Hochwald im Süden der Stadt reicht bis an die Wohnviertel
The Hochwald at the south of the town reaches to the residential districts
Au sud de la ville, la forêt s'étend jusqu'aux quartiers résidentiels

3 Deutsch-niederländische Grenzkontrolle an der Autobahn bei Aachen-Vetschau
Dutch-German frontier control at the express motor way Aachen-Vetschau
Contrôle à la frontière germano-néerlandaise sur l'autoroute près d'Aix-la-Chapelle-Vetschau

2 Fußball und Reiten, wichtige Sportereignisse im Blickpunkt
Soccer and riding — important sporting events
Le football et l'équitation, deux sports très pratiqués

64 Verleihung des Karlspreises, Festakt im Rathaus
Bestowal of the Karls Prize, fête in the town hall
Remise du prix international «Karlspreis», cérémonie solennelle à l'Hôtel de Ville

wert. — Eupen, nach rund 20 Kilometern Fahrt — auch mit einem Stadtbus von Aachen aus zu erreichen — ist der Mittelpunkt des deutschsprachigen Belgiens. Hier sind zahlreiche Bürgerhäuser, vor allem aus der Barockzeit, erhalten. — Direkt an der Stadtgrenze von Aachen dehnt sich die niederländische Stadt Vaals mit rund 12 000 Einwohnern aus. In dieser Gemeinde liegt die höchste Erhebung des Königreichs der Niederlande mit Aussichtsturm. Die niederländische Schweiz ist von hier aus nicht weit. — Von Aachen sind die Eifel mit dem Rursee, der größten Talsperre der Bundesrepublik, und die Ardennen leicht zu erreichen. Wer sich für Stein- oder Braunkohleabbau interessiert, findet im Landkreis Aachen gute Beispiele. Vor allem die Riesenbagger, die bis kurz vor Köln die Erde aufwühlen, sind Giganten der Technik.

Rathaus mit Granusturm
Lithographie eines unbekannten Künstlers

Aachen

is not only the most western town in Germany, it reflects European influence too. Standing in front of the stone throne of Charlemagne in the upper storage of the Aachen cathedral which was built in 800 one looks on a throne representing occidental Europe which was preserved in its original form until 1945.
More than thirty German kings were crowned in Aachen and held their coronation meal in the Carolingian Royal Hall and in the house which was later transformed into the town hall by the citizens.
But the 2000 years old town is also determined by modern times. Nowadays it is not only the seat of the Rhine-Westfalian Technical University with its 25.000 students but also of firms with a world wide reputation as e.g. the Aachen-Munich Insurance Company or the biggest chocolate companies of Europe. Besides, most of the valves for TV sets are produced in Aachen.
Aachen's cultural scene is determined by five museums, the municipal record office, the municipal theatre and the Grenzland (borderland) theatre.
The official international riding contest (CHIO) for Germany also takes place at Aachen like the bestowal of the international Karl's Prize of Aachen town which was given to important European politicans.
In spite of the excessive destruction in World War II — Aachen was one of the first German towns which already in autumn 1944 fell into American hands after severe fighting — several testimonies of its past as an imperial city have been preserved.
Many monuments date from Roman times. Among many others a portrait of the great Roman emperor Augustus in contained in the "Cross of Lothar" of the Aachen cathedral treasure.
Aachen is integrated into the European traffic network by express motor roads from Cologne, Düsseldorf, the Netherlands and Belgium.
In terms of rail Aachen is frequented by five TEE-trains and about 60 trains from Belgium, the Netherlands, Great Britain and France. It is linked to the German rail network by the sections Düsseldorf and Cologne.
Like in Roman times modern Aachen still is a popular mineral bath, especially for rheumatism. There are numerous hot spring swimming-pools, sanatoriums and treatment centres.
Aachen offers various opportunities — every visitor will be satisfied.

A Aix-la-Chapelle

grande ville allemande située à l'extrême ouest du pays, l'Europe se sent chez elle. Prenons l'exemple du trône en marbre de Charlemagne à l'étage supérieur de la Cathédrale d'Aix-la-Chapelle, érigée vers 800: c'est une chaire royale qui représente l'Europe occidentale sous la forme qu'elle a conservé jusqu'en 1945. Plus de 30 rois allemands furent couronnés à Aix-la-Chapelle et tinrent le festin de leur couronnement dans la salle des rois carolingiens et dans la maison transformée plus tard, par les habitants, en hôtel de ville.

Pourtant, cette ville de presque 2000 ans se sent également liée au présent. On y trouve non seulement l'Ecole Technique Supérieure de Rhénanie-du-Nord-Westphalie avec environ 25 000 édudiants, mais aussi des entreprises de renommée mondiale, comme par exemple la société d'assurances «Aachener und Münchener Versicherung», ainsi que les plus grandes firmes européennes de chocolat. De même, une grande partie des tubes-images pour la télévision viennent d'Aix-la-Chapelle.

Or, cette ville avec ses cinq musées, les archives de la ville, le théâtre municipal et le «Grenzlandtheater» est aussi ouverte aux activités culturelles.

Le concours hippique international officiel d'Allemagne (CHIO) a lieu à Aix-la-Chapelle, ainsi que la remise du prix international «Karlspreis» de la ville d'Aix-la-Chapelle, prix qu'ont reçu d'éminents hommes politiques européens.

Malgré les destructions désastreuses de la deuxième guerre mondiale — Aix-la-Chapelle a été par exemple la première grande ville allemande tombée entre les mains des Américains dès l'automne 1944, à la suite de terribles combats — maints témoins du grand passé de cette ville impériale ainsi que bien de monuments datant de l'époque romaine y ont été conservés. Entre autres, le Trésor de la Cathédrale d'Aix-la-Chapelle possède la Croix de l'Empereur Lothar qui représente une effigie du grand empereur romain Auguste.

Les autoroutes de Cologne, de Düsseldorf, des Pays-Bas et de la Belgique rattachent Aix-la-Chapelle aux grandes voies de communications européennes. Cinq trains TEE et environ soixante trains venant de la Belgique, des Pays-Bas, de l'Angleterre et de la France desservent cette ville. Par Düsseldorf et Cologne, elle est rattachée au réseau ferroviaire allemand.

Aix-la-Chapelle est, comme au temps des Romains, une station thermale recherchée des curistes, on y soigne surtout les rhumatismes. Il y a de nombreuses piscines thermales et établissements de cure. A Aix-la-Chapelle, le visiteur se sentira bien, car c'est une ville qui offre au voyageur de nombreuses possibilités.

Inhalts- und Bilderverzeichnis

Aachen — Eine Stadt mit europäischem Herzschlag	5
Sie verschließt sich nicht der Gegenwart	5
So wuchs das heutige Aachen	6
Die Stadt wuchs wie ein Baum	6
Sie rettete ihr Gesicht	9
Von der Pariser Mittagslinie entfernt	10
Wo es noch eine Erdbebenprozession gibt	10
Wo die Geschichte zu Hause ist	11
Dann kam die Gertrudisnacht	12
Auf dem Weg zur Reformation	29
Er wollte ein zweites Rom schaffen	30
Eine Grabstätte ohne Kaiser	31
Wo die tausendjährige Linde steht	32
Fronhöfe, Herrensitze und alte Kapellen	32
Wissenswertes — Sehenswertes	33
Englischer Text	86
Französischer Text	87

Abteitor	48
Adalbertstraße	26, 29
Altes Aachen	18, 21, 35, 41
Bakauv	20
Bend	57
Benediktusplatz	55
Brandenburg	50
Burg Frankenberg	52
Burtscheider Markt	49
Couvenhaus	15, 22, 23
Couven-Pavillon	54
Dom	1—3, 5
Marienschrein	6
Sarkophag	4
Thron Karls	7
Elisenbrunnen	31
Elisengarten	30
Fußgängerzone	19
Grenzübergang	63
Gut Kalkofen	53
Hauptbahnhof	36
Haus Weyern	60
Hochwald	61
Hoddelemarkt	28
Hühnermarkt	15, 23
Karlspreis	64
Klenkel	27
Kreishaus	37
Luftaufnahme	8, 9
Marschiertor	32
Marktplatz	14
Neue Galerie	24
Neues Aachen	40, 42
Obelisk	59
Pädagogische Hochschule	47
Ponttor	39
Portikus	16
Rathaus	10—13
St. Foillan	38
St. Johann-Baptist	33
Schloß Rahe	51
Sport	62
Stadttheater	34
Stauweiher	58
Studentenhochhäuser	46
Suermondt-Museum	25
Technische Hochschule	43—45
Tierpark	56
Türelüre-Lißje-Brunnen	17

Stadtansicht um 1850. Lithographie aus Borussia